I0488461

Demande des délégués du personnel		Réponse de l'employeur	
Date	Demande écrite :	Réponse écrite :	Date
Nom(s) Signature(e)			Nom(s) Signature(e)

Demande des délégués du personnel		Réponse de l'employeur	
Date	Demande écrite :	Réponse écrite :	Date
Nom(s) Signature(s)			Nom(s) Signature(s)

Demande des délégués du personnel		Réponse de l'employeur	
Date	Demande écrite :	Réponse écrite :	Date
Nom(s) Signature(s)			Nom(s) Signature(s)

Registre des délégués du personnel

Demande des délégués du personnel		Réponse de l'employeur	
Date	Demande écrite :	Réponse écrite :	Date
Nom(s) Signature(e)			Nom(s) Signature(e)

Demande des délégués du personnel		Réponse de l'employeur	
Date	Demande écrite :	Réponse écrite :	Date
Nom(s) Signature(s)			Nom(s) Signature(s)

Demande des délégués du personnel		Réponse de l'employeur	
Date	Demande écrite :	Réponse écrite :	Date
Nom(s) Signature(s)			Nom(s) Signature(s)

Registre des délégués du personnel

Demande des délégués du personnel		Réponse de l'employeur	
Date	Demande écrite :	Réponse écrite :	Date
Nom(s) Signature(e)			Nom(s) Signature(e)

Demande des délégués du personnel		Réponse de l'employeur	
Date	Demande écrite :	Réponse écrite :	Date
Nom(s) Signature(s)			Nom(s) Signature(s)

Demande des délégués du personnel		Réponse de l'employeur	
Date	Demande écrite :	Réponse écrite :	Date
Nom(s) Signature(s)			Nom(s) Signature(s)

Registre des délégués du personnel

Demande des délégués du personnel		Réponse de l'employeur	
Date	Demande écrite :	Réponse écrite :	Date
Nom(s) Signature(e)			Nom(s) Signature(e)

Demande des délégués du personnel		Réponse de l'employeur	
Date	Demande écrite :	Réponse écrite :	Date
Nom(s) Signature(s)			Nom(s) Signature(s)

Demande des délégués du personnel		Réponse de l'employeur	
Date	Demande écrite :	Réponse écrite :	Date
Nom(s) Signature(s)			Nom(s) Signature(s)

Registre des délégués du personnel

Demande des délégués du personnel		Réponse de l'employeur	
Date	Demande écrite :	Réponse écrite :	Date
Nom(s) Signature(e)			Nom(s) Signature(e)

Demande des délégués du personnel		Réponse de l'employeur	
Date	Demande écrite :	Réponse écrite :	Date
Nom(s) Signature(s)			Nom(s) Signature(s)

Demande des délégués du personnel		Réponse de l'employeur	
Date	Demande écrite :	Réponse écrite :	Date
Nom(s) Signature(s)			Nom(s) Signature(s)

Registre des délégués du personnel

Demande des délégués du personnel

Date	Demande écrite :
Nom(s) Signature(e)	

Réponse de l'employeur

Réponse écrite :	Date
	Nom(s) Signature(e)

Demande des délégués du personnel

Date	Demande écrite :
Nom(s) Signature(s)	

Réponse de l'employeur

Réponse écrite :	Date
	Nom(s) Signature(s)

Demande des délégués du personnel

Date	Demande écrite :
Nom(s) Signature(s)	

Réponse de l'employeur

Réponse écrite :	Date
	Nom(s) Signature(s)

Registre des délégués du personnel

Demande des délégués du personnel		Réponse de l'employeur	
Date	Demande écrite :	Réponse écrite :	Date
Nom(s) Signature(e)			Nom(s) Signature(e)

Demande des délégués du personnel		Réponse de l'employeur	
Date	Demande écrite :	Réponse écrite :	Date
Nom(s) Signature(s)			Nom(s) Signature(s)

Demande des délégués du personnel		Réponse de l'employeur	
Date	Demande écrite :	Réponse écrite :	Date
Nom(s) Signature(s)			Nom(s) Signature(s)

Registre des délégués du personnel

Demande des délégués du personnel

Date	Demande écrite :
Nom(s) Signature(e)	

Réponse de l'employeur

Réponse écrite :	Date
	Nom(s) Signature(e)

Demande des délégués du personnel

Date	Demande écrite :
Nom(s) Signature(s)	

Réponse de l'employeur

Réponse écrite :	Date
	Nom(s) Signature(s)

Demande des délégués du personnel

Date	Demande écrite :
Nom(s) Signature(s)	

Réponse de l'employeur

Réponse écrite :	Date
	Nom(s) Signature(s)

Registre des délégués du personnel

Demande des délégués du personnel

Date	Demande écrite :
Nom(s) Signature(e)	

Réponse de l'employeur

Réponse écrite :	Date
	Nom(s) Signature(e)

Demande des délégués du personnel

Date	Demande écrite :
Nom(s) Signature(s)	

Réponse de l'employeur

Réponse écrite :	Date
	Nom(s) Signature(s)

Demande des délégués du personnel

Date	Demande écrite :
Nom(s) Signature(s)	

Réponse de l'employeur

Réponse écrite :	Date
	Nom(s) Signature(s)

Registre des délégués du personnel

Demande des délégués du personnel		Réponse de l'employeur	
Date	Demande écrite :	Réponse écrite :	Date
Nom(s) Signature(e)			Nom(s) Signature(e)

Demande des délégués du personnel		Réponse de l'employeur	
Date	Demande écrite :	Réponse écrite :	Date
Nom(s) Signature(s)			Nom(s) Signature(s)

Demande des délégués du personnel		Réponse de l'employeur	
Date	Demande écrite :	Réponse écrite :	Date
Nom(s) Signature(s)			Nom(s) Signature(s)

Registre des délégués du personnel

Demande des délégués du personnel		Réponse de l'employeur	
Date	Demande écrite :	Réponse écrite :	Date
Nom(s) Signature(e)			Nom(s) Signature(e)

Demande des délégués du personnel		Réponse de l'employeur	
Date	Demande écrite :	Réponse écrite :	Date
Nom(s) Signature(s)			Nom(s) Signature(s)

Demande des délégués du personnel		Réponse de l'employeur	
Date	Demande écrite :	Réponse écrite :	Date
Nom(s) Signature(s)			Nom(s) Signature(s)

Registre des délégués du personnel

Demande des délégués du personnel		Réponse de l'employeur	
Date	Demande écrite :	Réponse écrite :	Date
Nom(s) Signature(e)			Nom(s) Signature(e)

Demande des délégués du personnel		Réponse de l'employeur	
Date	Demande écrite :	Réponse écrite :	Date
Nom(s) Signature(s)			Nom(s) Signature(s)

Demande des délégués du personnel		Réponse de l'employeur	
Date	Demande écrite :	Réponse écrite :	Date
Nom(s) Signature(s)			Nom(s) Signature(s)

Registre des délégués du personnel

Demande des délégués du personnel

Date	Demande écrite :
Nom(s) Signature(e)	

Réponse de l'employeur

Réponse écrite :	Date
	Nom(s) Signature(e)

Demande des délégués du personnel

Date	Demande écrite :
Nom(s) Signature(s)	

Réponse de l'employeur

Réponse écrite :	Date
	Nom(s) Signature(s)

Demande des délégués du personnel

Date	Demande écrite :
Nom(s) Signature(s)	

Réponse de l'employeur

Réponse écrite :	Date
	Nom(s) Signature(s)

Registre des délégués du personnel

Demande des délégués du personnel

Date	Demande écrite :
Nom(s) Signature(e)	

Réponse de l'employeur

Réponse écrite :	Date
	Nom(s) Signature(e)

Demande des délégués du personnel

Date	Demande écrite :
Nom(s) Signature(s)	

Réponse de l'employeur

Réponse écrite :	Date
	Nom(s) Signature(s)

Demande des délégués du personnel

Date	Demande écrite :
Nom(s) Signature(s)	

Réponse de l'employeur

Réponse écrite :	Date
	Nom(s) Signature(s)

Registre des délégués du personnel

Demande des délégués du personnel		Réponse de l'employeur	
Date	Demande écrite :	Réponse écrite :	Date
Nom(s) Signature(e)			Nom(s) Signature(e)

Demande des délégués du personnel		Réponse de l'employeur	
Date	Demande écrite :	Réponse écrite :	Date
Nom(s) Signature(s)			Nom(s) Signature(s)

Demande des délégués du personnel		Réponse de l'employeur	
Date	Demande écrite :	Réponse écrite :	Date
Nom(s) Signature(s)			Nom(s) Signature(s)

Registre des délégués du personnel

Demande des délégués du personnel		Réponse de l'employeur	
Date	Demande écrite :	Réponse écrite :	Date
Nom(s) Signature(e)			Nom(s) Signature(e)

Demande des délégués du personnel		Réponse de l'employeur	
Date	Demande écrite :	Réponse écrite :	Date
Nom(s) Signature(s)			Nom(s) Signature(s)

Demande des délégués du personnel		Réponse de l'employeur	
Date	Demande écrite :	Réponse écrite :	Date
Nom(s) Signature(s)			Nom(s) Signature(s)

Registre des délégués du personnel

Demande des délégués du personnel

Date	Demande écrite :
Nom(s) Signature(e)	

Réponse de l'employeur

Réponse écrite :	Date
	Nom(s) Signature(e)

Demande des délégués du personnel

Date	Demande écrite :
Nom(s) Signature(s)	

Réponse de l'employeur

Réponse écrite :	Date
	Nom(s) Signature(s)

Demande des délégués du personnel

Date	Demande écrite :
Nom(s) Signature(s)	

Réponse de l'employeur

Réponse écrite :	Date
	Nom(s) Signature(s)

Registre des délégués du personnel

Demande des délégués du personnel		Réponse de l'employeur	
Date	Demande écrite :	Réponse écrite :	Date
Nom(s) Signature(e)			Nom(s) Signature(e)

Demande des délégués du personnel		Réponse de l'employeur	
Date	Demande écrite :	Réponse écrite :	Date
Nom(s) Signature(s)			Nom(s) Signature(s)

Demande des délégués du personnel		Réponse de l'employeur	
Date	Demande écrite :	Réponse écrite :	Date
Nom(s) Signature(s)			Nom(s) Signature(s)

Registre des délégués du personnel

Demande des délégués du personnel

Date	Demande écrite :
Nom(s) Signature(e)	

Réponse de l'employeur

Réponse écrite :	Date
	Nom(s) Signature(e)

Demande des délégués du personnel

Date	Demande écrite :
Nom(s) Signature(s)	

Réponse de l'employeur

Réponse écrite :	Date
	Nom(s) Signature(s)

Demande des délégués du personnel

Date	Demande écrite :
Nom(s) Signature(s)	

Réponse de l'employeur

Réponse écrite :	Date
	Nom(s) Signature(s)

Registre des délégués du personnel

Demande des délégués du personnel		Réponse de l'employeur	
Date	Demande écrite :	Réponse écrite :	Date
Nom(s) Signature(e)			Nom(s) Signature(e)

Demande des délégués du personnel		Réponse de l'employeur	
Date	Demande écrite :	Réponse écrite :	Date
Nom(s) Signature(s)			Nom(s) Signature(s)

Demande des délégués du personnel		Réponse de l'employeur	
Date	Demande écrite :	Réponse écrite :	Date
Nom(s) Signature(s)			Nom(s) Signature(s)

Registre des délégués du personnel

Demande des délégués du personnel		Réponse de l'employeur	
Date	Demande écrite :	Réponse écrite :	Date
Nom(s) Signature(e)			Nom(s) Signature(e)

Demande des délégués du personnel		Réponse de l'employeur	
Date	Demande écrite :	Réponse écrite :	Date
Nom(s) Signature(s)			Nom(s) Signature(s)

Demande des délégués du personnel		Réponse de l'employeur	
Date	Demande écrite :	Réponse écrite :	Date
Nom(s) Signature(s)			Nom(s) Signature(s)

Registre des délégués du personnel

Demande des délégués du personnel		Réponse de l'employeur	
Date	Demande écrite :	Réponse écrite :	Date
Nom(s) Signature(e)			Nom(s) Signature(e)

Demande des délégués du personnel		Réponse de l'employeur	
Date	Demande écrite :	Réponse écrite :	Date
Nom(s) Signature(s)			Nom(s) Signature(s)

Demande des délégués du personnel		Réponse de l'employeur	
Date	Demande écrite :	Réponse écrite :	Date
Nom(s) Signature(s)			Nom(s) Signature(s)

Registre des délégués du personnel

Demande des délégués du personnel		Réponse de l'employeur	
Date	Demande écrite :	Réponse écrite :	Date
Nom(s) Signature(e)			Nom(s) Signature(e)

Demande des délégués du personnel		Réponse de l'employeur	
Date	Demande écrite :	Réponse écrite :	Date
Nom(s) Signature(s)			Nom(s) Signature(s)

Demande des délégués du personnel		Réponse de l'employeur	
Date	Demande écrite :	Réponse écrite :	Date
Nom(s) Signature(s)			Nom(s) Signature(s)

Registre des délégués du personnel

Demande des délégués du personnel

Date	Demande écrite :
Nom(s) Signature(e)	

Réponse de l'employeur

Réponse écrite :	Date
	Nom(s) Signature(e)

Demande des délégués du personnel

Date	Demande écrite :
Nom(s) Signature(s)	

Réponse de l'employeur

Réponse écrite :	Date
	Nom(s) Signature(s)

Demande des délégués du personnel

Date	Demande écrite :
Nom(s) Signature(s)	

Réponse de l'employeur

Réponse écrite :	Date
	Nom(s) Signature(s)

Registre des délégués du personnel

Demande des délégués du personnel		Réponse de l'employeur	
Date	Demande écrite :	Réponse écrite :	Date
Nom(s) Signature(e)			Nom(s) Signature(e)

Demande des délégués du personnel		Réponse de l'employeur	
Date	Demande écrite :	Réponse écrite :	Date
Nom(s) Signature(s)			Nom(s) Signature(s)

Demande des délégués du personnel		Réponse de l'employeur	
Date	Demande écrite :	Réponse écrite :	Date
Nom(s) Signature(s)			Nom(s) Signature(s)

Registre des délégués du personnel

Demande des délégués du personnel

Date	Demande écrite :
Nom(s) Signature(e)	

Réponse de l'employeur

Réponse écrite :	Date
	Nom(s) Signature(e)

Demande des délégués du personnel

Date	Demande écrite :
Nom(s) Signature(s)	

Réponse de l'employeur

Réponse écrite :	Date
	Nom(s) Signature(s)

Demande des délégués du personnel

Date	Demande écrite :
Nom(s) Signature(s)	

Réponse de l'employeur

Réponse écrite :	Date
	Nom(s) Signature(s)

Registre des délégués du personnel

Demande des délégués du personnel		Réponse de l'employeur	
Date	Demande écrite :	Réponse écrite :	Date
Nom(s) Signature(e)			Nom(s) Signature(e)

Demande des délégués du personnel		Réponse de l'employeur	
Date	Demande écrite :	Réponse écrite :	Date
Nom(s) Signature(s)			Nom(s) Signature(s)

Demande des délégués du personnel		Réponse de l'employeur	
Date	Demande écrite :	Réponse écrite :	Date
Nom(s) Signature(s)			Nom(s) Signature(s)

Registre des délégués du personnel

Demande des délégués du personnel		Réponse de l'employeur	
Date	Demande écrite :	Réponse écrite :	Date
Nom(s) Signature(e)			Nom(s) Signature(e)

Demande des délégués du personnel		Réponse de l'employeur	
Date	Demande écrite :	Réponse écrite :	Date
Nom(s) Signature(s)			Nom(s) Signature(s)

Demande des délégués du personnel		Réponse de l'employeur	
Date	Demande écrite :	Réponse écrite :	Date
Nom(s) Signature(s)			Nom(s) Signature(s)

Registre des délégués du personnel

Demande des délégués du personnel

Date	Demande écrite :
Nom(s) Signature(e)	

Réponse de l'employeur

Réponse écrite :	Date
	Nom(s) Signature(e)

Demande des délégués du personnel

Date	Demande écrite :
Nom(s) Signature(s)	

Réponse de l'employeur

Réponse écrite :	Date
	Nom(s) Signature(s)

Demande des délégués du personnel

Date	Demande écrite :
Nom(s) Signature(s)	

Réponse de l'employeur

Réponse écrite :	Date
	Nom(s) Signature(s)

Registre des délégués du personnel

Demande des délégués du personnel

Date	Demande écrite :
Nom(s) Signature(e)	

Réponse de l'employeur

Réponse écrite :	Date
	Nom(s) Signature(e)

Demande des délégués du personnel

Date	Demande écrite :
Nom(s) Signature(s)	

Réponse de l'employeur

Réponse écrite :	Date
	Nom(s) Signature(s)

Demande des délégués du personnel

Date	Demande écrite :
Nom(s) Signature(s)	

Réponse de l'employeur

Réponse écrite :	Date
	Nom(s) Signature(s)

Registre des délégués du personnel

Demande des délégués du personnel		Réponse de l'employeur	
Date	Demande écrite :	Réponse écrite :	Date
Nom(s) Signature(e)			Nom(s) Signature(e)

Demande des délégués du personnel		Réponse de l'employeur	
Date	Demande écrite :	Réponse écrite :	Date
Nom(s) Signature(s)			Nom(s) Signature(s)

Demande des délégués du personnel		Réponse de l'employeur	
Date	Demande écrite :	Réponse écrite :	Date
Nom(s) Signature(s)			Nom(s) Signature(s)

Registre des délégués du personnel

Demande des délégués du personnel		Réponse de l'employeur	
Date	Demande écrite :	Réponse écrite :	Date
Nom(s) Signature(e)			Nom(s) Signature(e)

Demande des délégués du personnel		Réponse de l'employeur	
Date	Demande écrite :	Réponse écrite :	Date
Nom(s) Signature(s)			Nom(s) Signature(s)

Demande des délégués du personnel		Réponse de l'employeur	
Date	Demande écrite :	Réponse écrite :	Date
Nom(s) Signature(s)			Nom(s) Signature(s)

Registre des délégués du personnel

Demande des délégués du personnel

Date	Demande écrite :
Nom(s) Signature(e)	

Réponse de l'employeur

Réponse écrite :	Date
	Nom(s) Signature(e)

Demande des délégués du personnel

Date	Demande écrite :
Nom(s) Signature(s)	

Réponse de l'employeur

Réponse écrite :	Date
	Nom(s) Signature(s)

Demande des délégués du personnel

Date	Demande écrite :
Nom(s) Signature(s)	

Réponse de l'employeur

Réponse écrite :	Date
	Nom(s) Signature(s)

Registre des délégués du personnel

Demande des délégués du personnel		Réponse de l'employeur	
Date	Demande écrite :	Réponse écrite :	Date
Nom(s) Signature(e)			Nom(s) Signature(e)

Demande des délégués du personnel		Réponse de l'employeur	
Date	Demande écrite :	Réponse écrite :	Date
Nom(s) Signature(s)			Nom(s) Signature(s)

Demande des délégués du personnel		Réponse de l'employeur	
Date	Demande écrite :	Réponse écrite :	Date
Nom(s) Signature(s)			Nom(s) Signature(s)

Registre des délégués du personnel

Demande des délégués du personnel	Réponse de l'employeur

Date	Demande écrite :	Réponse écrite :	Date
Nom(s) Signature(e)			Nom(s) Signature(e)

Demande des délégués du personnel	Réponse de l'employeur

Date	Demande écrite :	Réponse écrite :	Date
Nom(s) Signature(s)			Nom(s) Signature(s)

Demande des délégués du personnel	Réponse de l'employeur

Date	Demande écrite :	Réponse écrite :	Date
Nom(s) Signature(s)			Nom(s) Signature(s)

Registre des délégués du personnel

Demande des délégués du personnel		Réponse de l'employeur	
Date	Demande écrite :	Réponse écrite :	Date
Nom(s) Signature(e)			Nom(s) Signature(e)

Demande des délégués du personnel		Réponse de l'employeur	
Date	Demande écrite :	Réponse écrite :	Date
Nom(s) Signature(s)			Nom(s) Signature(s)

Demande des délégués du personnel		Réponse de l'employeur	
Date	Demande écrite :	Réponse écrite :	Date
Nom(s) Signature(s)			Nom(s) Signature(s)

Registre des délégués du personnel

Demande des délégués du personnel		Réponse de l'employeur	
Date	Demande écrite :	Réponse écrite :	Date
Nom(s) Signature(e)			Nom(s) Signature(e)

Demande des délégués du personnel		Réponse de l'employeur	
Date	Demande écrite :	Réponse écrite :	Date
Nom(s) Signature(s)			Nom(s) Signature(s)

Demande des délégués du personnel		Réponse de l'employeur	
Date	Demande écrite :	Réponse écrite :	Date
Nom(s) Signature(s)			Nom(s) Signature(s)

Registre des délégués du personnel

Demande des délégués du personnel		Réponse de l'employeur	
Date	Demande écrite :	Réponse écrite :	Date
Nom(s) Signature(e)			Nom(s) Signature(e)

Demande des délégués du personnel		Réponse de l'employeur	
Date	Demande écrite :	Réponse écrite :	Date
Nom(s) Signature(s)			Nom(s) Signature(s)

Demande des délégués du personnel		Réponse de l'employeur	
Date	Demande écrite :	Réponse écrite :	Date
Nom(s) Signature(s)			Nom(s) Signature(s)

Registre des délégués du personnel

Demande des délégués du personnel		Réponse de l'employeur	
Date	Demande écrite :	Réponse écrite :	Date
Nom(s) Signature(e)			Nom(s) Signature(e)

Demande des délégués du personnel		Réponse de l'employeur	
Date	Demande écrite :	Réponse écrite :	Date
Nom(s) Signature(s)			Nom(s) Signature(s)

Demande des délégués du personnel		Réponse de l'employeur	
Date	Demande écrite :	Réponse écrite :	Date
Nom(s) Signature(s)			Nom(s) Signature(s)

Registre des délégués du personnel

Demande des délégués du personnel		Réponse de l'employeur	
Date	Demande écrite :	Réponse écrite :	Date
Nom(s) Signature(e)			Nom(s) Signature(e)

Demande des délégués du personnel		Réponse de l'employeur	
Date	Demande écrite :	Réponse écrite :	Date
Nom(s) Signature(s)			Nom(s) Signature(s)

Demande des délégués du personnel		Réponse de l'employeur	
Date	Demande écrite :	Réponse écrite :	Date
Nom(s) Signature(s)			Nom(s) Signature(s)

Registre des délégués du personnel

Demande des délégués du personnel		Réponse de l'employeur	
Date	Demande écrite :	Réponse écrite :	Date
Nom(s) Signature(e)			Nom(s) Signature(e)

Demande des délégués du personnel		Réponse de l'employeur	
Date	Demande écrite :	Réponse écrite :	Date
Nom(s) Signature(s)			Nom(s) Signature(s)

Demande des délégués du personnel		Réponse de l'employeur	
Date	Demande écrite :	Réponse écrite :	Date
Nom(s) Signature(s)			Nom(s) Signature(s)

Registre des délégués du personnel

Demande des délégués du personnel

Date	Demande écrite :
Nom(s) Signature(e)	

Réponse de l'employeur

Réponse écrite :	Date
	Nom(s) Signature(e)

Demande des délégués du personnel

Date	Demande écrite :
Nom(s) Signature(s)	

Réponse de l'employeur

Réponse écrite :	Date
	Nom(s) Signature(s)

Demande des délégués du personnel

Date	Demande écrite :
Nom(s) Signature(s)	

Réponse de l'employeur

Réponse écrite :	Date
	Nom(s) Signature(s)

Registre des délégués du personnel

Demande des délégués du personnel

Date	Demande écrite :
Nom(s) Signature(e)	

Réponse de l'employeur

Réponse écrite :	Date
	Nom(s) Signature(e)

Demande des délégués du personnel

Date	Demande écrite :
Nom(s) Signature(s)	

Réponse de l'employeur

Réponse écrite :	Date
	Nom(s) Signature(s)

Demande des délégués du personnel

Date	Demande écrite :
Nom(s) Signature(s)	

Réponse de l'employeur

Réponse écrite :	Date
	Nom(s) Signature(s)

Registre des délégués du personnel

Demande des délégués du personnel

Date	Demande écrite :
Nom(s) Signature(e)	

Réponse de l'employeur

Réponse écrite :	Date
	Nom(s) Signature(e)

Demande des délégués du personnel

Date	Demande écrite :
Nom(s) Signature(s)	

Réponse de l'employeur

Réponse écrite :	Date
	Nom(s) Signature(s)

Demande des délégués du personnel

Date	Demande écrite :
Nom(s) Signature(s)	

Réponse de l'employeur

Réponse écrite :	Date
	Nom(s) Signature(s)

Registre des délégués du personnel

Demande des délégués du personnel

Date	Demande écrite :
Nom(s) Signature(e)	

Réponse de l'employeur

Réponse écrite :	Date
	Nom(s) Signature(e)

Demande des délégués du personnel

Date	Demande écrite :
Nom(s) Signature(s)	

Réponse de l'employeur

Réponse écrite :	Date
	Nom(s) Signature(s)

Demande des délégués du personnel

Date	Demande écrite :
Nom(s) Signature(s)	

Réponse de l'employeur

Réponse écrite :	Date
	Nom(s) Signature(s)

Registre des délégués du personnel

Demande des délégués du personnel		Réponse de l'employeur	
Date	Demande écrite :	Réponse écrite :	Date
Nom(s) Signature(e)			Nom(s) Signature(e)

Demande des délégués du personnel		Réponse de l'employeur	
Date	Demande écrite :	Réponse écrite :	Date
Nom(s) Signature(s)			Nom(s) Signature(s)

Demande des délégués du personnel		Réponse de l'employeur	
Date	Demande écrite :	Réponse écrite :	Date
Nom(s) Signature(s)			Nom(s) Signature(s)

Registre des délégués du personnel

Demande des délégués du personnel

Date	Demande écrite :
Nom(s) Signature(e)	

Réponse de l'employeur

Réponse écrite :	Date
	Nom(s) Signature(e)

Demande des délégués du personnel

Date	Demande écrite :
Nom(s) Signature(s)	

Réponse de l'employeur

Réponse écrite :	Date
	Nom(s) Signature(s)

Demande des délégués du personnel

Date	Demande écrite :
Nom(s) Signature(s)	

Réponse de l'employeur

Réponse écrite :	Date
	Nom(s) Signature(s)

Registre des délégués du personnel

Demande des délégués du personnel		Réponse de l'employeur	
Date	Demande écrite :	Réponse écrite :	Date
Nom(s) Signature(e)			Nom(s) Signature(e)

Demande des délégués du personnel		Réponse de l'employeur	
Date	Demande écrite :	Réponse écrite :	Date
Nom(s) Signature(s)			Nom(s) Signature(s)

Demande des délégués du personnel		Réponse de l'employeur	
Date	Demande écrite :	Réponse écrite :	Date
Nom(s) Signature(s)			Nom(s) Signature(s)

Registre des délégués du personnel

Demande des délégués du personnel		Réponse de l'employeur	
Date	Demande écrite :	Réponse écrite :	Date
Nom(s) Signature(e)			Nom(s) Signature(e)

Demande des délégués du personnel		Réponse de l'employeur	
Date	Demande écrite :	Réponse écrite :	Date
Nom(s) Signature(s)			Nom(s) Signature(s)

Demande des délégués du personnel		Réponse de l'employeur	
Date	Demande écrite :	Réponse écrite :	Date
Nom(s) Signature(s)			Nom(s) Signature(s)

Registre des délégués du personnel

Demande des délégués du personnel

Date	Demande écrite :
Nom(s) Signature(e)	

Réponse de l'employeur

Réponse écrite :	Date
	Nom(s) Signature(e)

Demande des délégués du personnel

Date	Demande écrite :
Nom(s) Signature(s)	

Réponse de l'employeur

Réponse écrite :	Date
	Nom(s) Signature(s)

Demande des délégués du personnel

Date	Demande écrite :
Nom(s) Signature(s)	

Réponse de l'employeur

Réponse écrite :	Date
	Nom(s) Signature(s)

Registre des délégués du personnel

Demande des délégués du personnel

Date	Demande écrite :
Nom(s) Signature(e)	

Réponse de l'employeur

Réponse écrite :	Date
	Nom(s) Signature(e)

Demande des délégués du personnel

Date	Demande écrite :
Nom(s) Signature(s)	

Réponse de l'employeur

Réponse écrite :	Date
	Nom(s) Signature(s)

Demande des délégués du personnel

Date	Demande écrite :
Nom(s) Signature(s)	

Réponse de l'employeur

Réponse écrite :	Date
	Nom(s) Signature(s)

Registre des délégués du personnel

Demande des délégués du personnel		Réponse de l'employeur	
Date	Demande écrite :	Réponse écrite :	Date
Nom(s) Signature(e)			Nom(s) Signature(e)

Demande des délégués du personnel		Réponse de l'employeur	
Date	Demande écrite :	Réponse écrite :	Date
Nom(s) Signature(s)			Nom(s) Signature(s)

Demande des délégués du personnel		Réponse de l'employeur	
Date	Demande écrite :	Réponse écrite :	Date
Nom(s) Signature(s)			Nom(s) Signature(s)

Registre des délégués du personnel

Demande des délégués du personnel		Réponse de l'employeur	
Date	Demande écrite :	Réponse écrite :	Date
Nom(s) Signature(e)			Nom(s) Signature(e)

Demande des délégués du personnel		Réponse de l'employeur	
Date	Demande écrite :	Réponse écrite :	Date
Nom(s) Signature(s)			Nom(s) Signature(s)

Demande des délégués du personnel		Réponse de l'employeur	
Date	Demande écrite :	Réponse écrite :	Date
Nom(s) Signature(s)			Nom(s) Signature(s)

Registre des délégués du personnel

Demande des délégués du personnel		Réponse de l'employeur	
Date	Demande écrite :	Réponse écrite :	Date
Nom(s) Signature(e)			Nom(s) Signature(e)

Demande des délégués du personnel		Réponse de l'employeur	
Date	Demande écrite :	Réponse écrite :	Date
Nom(s) Signature(s)			Nom(s) Signature(s)

Demande des délégués du personnel		Réponse de l'employeur	
Date	Demande écrite :	Réponse écrite :	Date
Nom(s) Signature(s)			Nom(s) Signature(s)

Registre des délégués du personnel

Demande des délégués du personnel		Réponse de l'employeur	
Date	Demande écrite :	Réponse écrite :	Date
Nom(s) Signature(e)			Nom(s) Signature(e)

Demande des délégués du personnel		Réponse de l'employeur	
Date	Demande écrite :	Réponse écrite :	Date
Nom(s) Signature(s)			Nom(s) Signature(s)

Demande des délégués du personnel		Réponse de l'employeur	
Date	Demande écrite :	Réponse écrite :	Date
Nom(s) Signature(s)			Nom(s) Signature(s)

Registre des délégués du personnel

Demande des délégués du personnel		Réponse de l'employeur	
Date	Demande écrite :	Réponse écrite :	Date
Nom(s) Signature(e)			Nom(s) Signature(e)

Demande des délégués du personnel		Réponse de l'employeur	
Date	Demande écrite :	Réponse écrite :	Date
Nom(s) Signature(s)			Nom(s) Signature(s)

Demande des délégués du personnel		Réponse de l'employeur	
Date	Demande écrite :	Réponse écrite :	Date
Nom(s) Signature(s)			Nom(s) Signature(s)

Registre des délégués du personnel

Demande des délégués du personnel

Date	Demande écrite :
Nom(s) Signature(e)	

Réponse de l'employeur

Réponse écrite :	Date
	Nom(s) Signature(e)

Demande des délégués du personnel

Date	Demande écrite :
Nom(s) Signature(s)	

Réponse de l'employeur

Réponse écrite :	Date
	Nom(s) Signature(s)

Demande des délégués du personnel

Date	Demande écrite :
Nom(s) Signature(s)	

Réponse de l'employeur

Réponse écrite :	Date
	Nom(s) Signature(s)

Registre des délégués du personnel

Demande des délégués du personnel		Réponse de l'employeur	
Date	Demande écrite :	Réponse écrite :	Date
Nom(s) Signature(e)			Nom(s) Signature(e)

Demande des délégués du personnel		Réponse de l'employeur	
Date	Demande écrite :	Réponse écrite :	Date
Nom(s) Signature(s)			Nom(s) Signature(s)

Demande des délégués du personnel		Réponse de l'employeur	
Date	Demande écrite :	Réponse écrite :	Date
Nom(s) Signature(s)			Nom(s) Signature(s)

Registre des délégués du personnel

Demande des délégués du personnel		Réponse de l'employeur	
Date	Demande écrite :	Réponse écrite :	Date
Nom(s) Signature(e)			Nom(s) Signature(e)

Demande des délégués du personnel		Réponse de l'employeur	
Date	Demande écrite :	Réponse écrite :	Date
Nom(s) Signature(s)			Nom(s) Signature(s)

Demande des délégués du personnel		Réponse de l'employeur	
Date	Demande écrite :	Réponse écrite :	Date
Nom(s) Signature(s)			Nom(s) Signature(s)

Registre des délégués du personnel

Demande des délégués du personnel		Réponse de l'employeur	
Date	Demande écrite :	Réponse écrite :	Date
Nom(s) Signature(e)			Nom(s) Signature(e)

Demande des délégués du personnel		Réponse de l'employeur	
Date	Demande écrite :	Réponse écrite :	Date
Nom(s) Signature(s)			Nom(s) Signature(s)

Demande des délégués du personnel		Réponse de l'employeur	
Date	Demande écrite :	Réponse écrite :	Date
Nom(s) Signature(s)			Nom(s) Signature(s)

Registre des délégués du personnel

Demande des délégués du personnel		Réponse de l'employeur	
Date	Demande écrite :	Réponse écrite :	Date
Nom(s) Signature(e)			Nom(s) Signature(e)

Demande des délégués du personnel		Réponse de l'employeur	
Date	Demande écrite :	Réponse écrite :	Date
Nom(s) Signature(s)			Nom(s) Signature(s)

Demande des délégués du personnel		Réponse de l'employeur	
Date	Demande écrite :	Réponse écrite :	Date
Nom(s) Signature(s)			Nom(s) Signature(s)

Registre des délégués du personnel

Demande des délégués du personnel

Date	Demande écrite :
Nom(s) Signature(e)	

Réponse de l'employeur

Réponse écrite :	Date
	Nom(s) Signature(e)

Demande des délégués du personnel

Date	Demande écrite :
Nom(s) Signature(s)	

Réponse de l'employeur

Réponse écrite :	Date
	Nom(s) Signature(s)

Demande des délégués du personnel

Date	Demande écrite :
Nom(s) Signature(s)	

Réponse de l'employeur

Réponse écrite :	Date
	Nom(s) Signature(s)

Registre des délégués du personnel

Demande des délégués du personnel		Réponse de l'employeur	
Date	Demande écrite :	Réponse écrite :	Date
Nom(s) Signature(e)			Nom(s) Signature(e)

Demande des délégués du personnel		Réponse de l'employeur	
Date	Demande écrite :	Réponse écrite :	Date
Nom(s) Signature(s)			Nom(s) Signature(s)

Demande des délégués du personnel		Réponse de l'employeur	
Date	Demande écrite :	Réponse écrite :	Date
Nom(s) Signature(s)			Nom(s) Signature(s)

Registre des délégués du personnel

Demande des délégués du personnel		Réponse de l'employeur	
Date	Demande écrite :	Réponse écrite :	Date
Nom(s) Signature(e)			Nom(s) Signature(e)

Demande des délégués du personnel		Réponse de l'employeur	
Date	Demande écrite :	Réponse écrite :	Date
Nom(s) Signature(s)			Nom(s) Signature(s)

Demande des délégués du personnel		Réponse de l'employeur	
Date	Demande écrite :	Réponse écrite :	Date
Nom(s) Signature(s)			Nom(s) Signature(s)

Registre des délégués du personnel

Demande des délégués du personnel		Réponse de l'employeur	
Date	Demande écrite :	Réponse écrite :	Date
Nom(s) Signature(e)			Nom(s) Signature(e)

Demande des délégués du personnel		Réponse de l'employeur	
Date	Demande écrite :	Réponse écrite :	Date
Nom(s) Signature(s)			Nom(s) Signature(s)

Demande des délégués du personnel		Réponse de l'employeur	
Date	Demande écrite :	Réponse écrite :	Date
Nom(s) Signature(s)			Nom(s) Signature(s)

Registre des délégués du personnel

Demande des délégués du personnel		Réponse de l'employeur	
Date	Demande écrite :	Réponse écrite :	Date
Nom(s) Signature(e)			Nom(s) Signature(e)

Demande des délégués du personnel		Réponse de l'employeur	
Date	Demande écrite :	Réponse écrite :	Date
Nom(s) Signature(s)			Nom(s) Signature(s)

Demande des délégués du personnel		Réponse de l'employeur	
Date	Demande écrite :	Réponse écrite :	Date
Nom(s) Signature(s)			Nom(s) Signature(s)

Registre des délégués du personnel

Demande des délégués du personnel		Réponse de l'employeur	
Date	Demande écrite :	Réponse écrite :	Date
Nom(s) Signature(e)			Nom(s) Signature(e)

Demande des délégués du personnel		Réponse de l'employeur	
Date	Demande écrite :	Réponse écrite :	Date
Nom(s) Signature(s)			Nom(s) Signature(s)

Demande des délégués du personnel		Réponse de l'employeur	
Date	Demande écrite :	Réponse écrite :	Date
Nom(s) Signature(s)			Nom(s) Signature(s)

Registre des délégués du personnel

Demande des délégués du personnel		Réponse de l'employeur	
Date	Demande écrite :	Réponse écrite :	Date
Nom(s) Signature(e)			Nom(s) Signature(e)

Demande des délégués du personnel		Réponse de l'employeur	
Date	Demande écrite :	Réponse écrite :	Date
Nom(s) Signature(s)			Nom(s) Signature(s)

Demande des délégués du personnel		Réponse dc l'employeur	
Date	Demande écrite :	Réponse écrite :	Date
Nom(s) Signature(s)			Nom(s) Signature(s)

Registre des délégués du personnel

Demande des délégués du personnel

Date	Demande écrite :
Nom(s) Signature(e)	

Réponse de l'employeur

Réponse écrite :	Date
	Nom(s) Signature(e)

Demande des délégués du personnel

Date	Demande écrite :
Nom(s) Signature(s)	

Réponse de l'employeur

Réponse écrite :	Date
	Nom(s) Signature(s)

Demande des délégués du personnel

Date	Demande écrite :
Nom(s) Signature(s)	

Réponse de l'employeur

Réponse écrite :	Date
	Nom(s) Signature(s)

Registre des délégués du personnel

Demande des délégués du personnel		Réponse de l'employeur	
Date	Demande écrite :	Réponse écrite :	Date
Nom(s) Signature(e)			Nom(s) Signature(e)

Demande des délégués du personnel		Réponse de l'employeur	
Date	Demande écrite :	Réponse écrite :	Date
Nom(s) Signature(s)			Nom(s) Signature(s)

Demande des délégués du personnel		Réponse de l'employeur	
Date	Demande écrite :	Réponse écrite :	Date
Nom(s) Signature(s)			Nom(s) Signature(s)

Registre des délégués du personnel

Demande des délégués du personnel		Réponse de l'employeur	
Date	Demande écrite :	Réponse écrite :	Date
Nom(s) Signature(e)			Nom(s) Signature(e)

Demande des délégués du personnel		Réponse de l'employeur	
Date	Demande écrite :	Réponse écrite :	Date
Nom(s) Signature(s)			Nom(s) Signature(s)

Demande des délégués du personnel		Réponse de l'employeur	
Date	Demande écrite :	Réponse écrite :	Date
Nom(s) Signature(s)			Nom(s) Signature(s)

Registre des délégués du personnel

Demande des délégués du personnel		Réponse de l'employeur	
Date	Demande écrite :	Réponse écrite :	Date
Nom(s) Signature(e)			Nom(s) Signature(e)

Demande des délégués du personnel		Réponse de l'employeur	
Date	Demande écrite :	Réponse écrite :	Date
Nom(s) Signature(s)			Nom(s) Signature(s)

Demande des délégués du personnel		Réponse de l'employeur	
Date	Demande écrite :	Réponse écrite :	Date
Nom(s) Signature(s)			Nom(s) Signature(s)

Registre des délégués du personnel

Demande des délégués du personnel		Réponse de l'employeur	
Date	Demande écrite :	Réponse écrite :	Date
Nom(s) Signature(e)			Nom(s) Signature(e)

Demande des délégués du personnel		Réponse de l'employeur	
Date	Demande écrite :	Réponse écrite :	Date
Nom(s) Signature(s)			Nom(s) Signature(s)

Demande des délégués du personnel		Réponse de l'employeur	
Date	Demande écrite :	Réponse écrite :	Date
Nom(s) Signature(s)			Nom(s) Signature(s)

Registre des délégués du personnel

Demande des délégués du personnel

Date	Demande écrite :
Nom(s) Signature(e)	

Réponse de l'employeur

Réponse écrite :	Date
	Nom(s) Signature(e)

Demande des délégués du personnel

Date	Demande écrite :
Nom(s) Signature(s)	

Réponse de l'employeur

Réponse écrite :	Date
	Nom(s) Signature(s)

Demande des délégués du personnel

Date	Demande écrite :
Nom(s) Signature(s)	

Réponse de l'employeur

Réponse écrite :	Date
	Nom(s) Signature(s)

Registre des délégués du personnel

Demande des délégués du personnel		Réponse de l'employeur	
Date	Demande écrite :	Réponse écrite :	Date
Nom(s) Signature(e)			Nom(s) Signature(e)

Demande des délégués du personnel		Réponse de l'employeur	
Date	Demande écrite :	Réponse écrite :	Date
Nom(s) Signature(s)			Nom(s) Signature(s)

Demande des délégués du personnel		Réponse de l'employeur	
Date	Demande écrite :	Réponse écrite :	Date
Nom(s) Signature(s)			Nom(s) Signature(s)

Registre des délégués du personnel

Demande des délégués du personnel		Réponse de l'employeur	
Date	Demande écrite :	Réponse écrite :	Date
Nom(s) Signature(e)			Nom(s) Signature(e)

Demande des délégués du personnel		Réponse de l'employeur	
Date	Demande écrite :	Réponse écrite :	Date
Nom(s) Signature(s)			Nom(s) Signature(s)

Demande des délégués du personnel		Réponsc de l'employeur	
Date	Demande écrite :	Réponse écrite :	Date
Nom(s) Signature(s)			Nom(s) Signature(s)

Registre des délégués du personnel

Demande des délégués du personnel

Date	Demande écrite :
Nom(s) Signature(e)	

Réponse de l'employeur

Réponse écrite :	Date
	Nom(s) Signature(e)

Demande des délégués du personnel

Date	Demande écrite :
Nom(s) Signature(s)	

Réponse de l'employeur

Réponse écrite :	Date
	Nom(s) Signature(s)

Demande des délégués du personnel

Date	Demande écrite :
Nom(s) Signature(s)	

Réponse de l'employeur

Réponse écrite :	Date
	Nom(s) Signature(s)

Registre des délégués du personnel

Demande des délégués du personnel		Réponse de l'employeur	
Date	Demande écrite :	Réponse écrite :	Date
Nom(s) Signature(e)			Nom(s) Signature(e)

Demande des délégués du personnel		Réponse de l'employeur	
Date	Demande écrite :	Réponse écrite :	Date
Nom(s) Signature(s)			Nom(s) Signature(s)

Demande des délégués du personnel		Réponse de l'employeur	
Date	Demande écrite :	Réponse écrite :	Date
Nom(s) Signature(s)			Nom(s) Signature(s)

Registre des délégués du personnel

Demande des délégués du personnel		Réponse de l'employeur	
Date	Demande écrite :	Réponse écrite :	Date
Nom(s) Signature(e)			Nom(s) Signature(e)

Demande des délégués du personnel		Réponse de l'employeur	
Date	Demande écrite :	Réponse écrite :	Date
Nom(s) Signature(s)			Nom(s) Signature(s)

Demande des délégués du personnel		Réponse de l'employeur	
Date	Demande écrite :	Réponse écrite :	Date
Nom(s) Signature(s)			Nom(s) Signature(s)

Registre des délégués du personnel

Demande des délégués du personnel		Réponse de l'employeur	
Date	Demande écrite :	Réponse écrite :	Date
Nom(s) Signature(e)			Nom(s) Signature(e)

Demande des délégués du personnel		Réponse de l'employeur	
Date	Demande écrite :	Réponse écrite :	Date
Nom(s) Signature(s)			Nom(s) Signature(s)

Demande des délégués du personnel		Réponse de l'employeur	
Date	Demande écrite :	Réponse écrite :	Date
Nom(s) Signature(s)			Nom(s) Signature(s)

www.ingramcontent.com/pod-product-compliance
Lightning Source LLC
Chambersburg PA
CBHW081558170526
45166CB00009B/2742